Sepp Schachtler/Albert Frei

Redewendungen im Deutschunterricht

Arbeitsblätter und Übungen zur Wortschatzerweiterung

Gedruckt auf umweltbewusst gefertigtem, chlorfrei gebleichtem
und alterungsbeständigem Papier.

1. Auflage 2012
Nach den seit 2006 amtlich gültigen Regelungen der Rechtschreibung
© by Brigg Pädagogik Verlag GmbH, Augsburg
Alle Rechte vorbehalten.

Originalausgabe © 2010 by ZKM, Verlag der Zürcher Kantonalen Mittelstufenkonferenz
Frauenfeldstraße 21a, Postfach, 8404 Winterthur
www.verlagzkm.ch

Sepp Schachtler und Albert Frei
Blätterwirbel DEUTSCH/ Katze im Sack
Wortschatzerweiterung Mittelstufe

Illustrationen: Albert Frei

ISBN 978-3-87101-**918**-0

Sepp Schachtler/Albert Frei

Redewendungen im Deutschunterricht

Arbeitsblätter und Übungen
zur Wortschatzerweiterung

5./6. Klasse

Kopiervorlagen mit Lösungen

Inhalt

Inhalt

Sepp Schachtler

ist ein erfahrener Sekundarstufenlehrer und Lehrmittelautor aus dem St. Galler Rheintal. Sein Wissen gab er auch als Methodik-Didaktik-Lehrer an der Kantonsschule Heerbrugg an angehende Lehrer und Lehrerinnen weiter. Als Autor schöpfte Sepp Schachtler für dieses Werk aus seiner über Jahre zusammengetragenen Sammlung an motivierenden Aufgaben zum Thema Redewendungen.

Albert Frei

kommt ebenfalls aus dem St.Galler Rheintal und unterrichtet seit vielen Jahren in der Sekundarstufe. Aktuell ist er auch in der Erwachsenenbildung und im kantonalen Lehrplangremium tätig. Seine kreativen Ideen als Autor und Illustrator belebten schon verschiedene Lehrmittel. Im vorliegenden Werk werden die Redewendungen durch die treffenden Zeichnungen von Albert Frei auf witzige Art veranschaulicht.

Sepp Schachtler/Albert Frei: Redewendungen im Deutschunterricht • Best.-Nr. 918
© Brigg Pädagogik Verlag GmbH, Augsburg

Vorwort

Trainingseinheiten für den Einsatz im individualisierenden Unterricht.

Dieser Titel bietet Ihnen eine Palette an Trainingseinheiten für den Einsatz im individualisierenden Unterricht. Die Erfahrung mit erweiterten Lernformen hat gezeigt, dass einfache Übungskonzepte, welche die Schülerinnen und Schüler anregen und motivieren, den größten Lernerfolg bewirken. Man braucht die Materialien nur bereitzustellen und den Kindern ein Zeitfenster (Wochenplan, Freiarbeit, Hausaufgaben etc.) für die Erledigung und Selbstkorrektur der Arbeiten anzubieten und schon läuft das Üben und Trainieren!

Redensarten im Deutschunterricht

Redensarten nehmen in unserer Sprache einen festen Platz ein. Sie faszinieren durch ihren Bildgehalt und viele gehören zu unserem aktiven Wortschatz, ohne dass wir uns dessen so richtig bewusst sind. Redewendungen sind ein Stilmittel und machen Texte farbiger und lebendiger.

Sepp Schachtler/Albert Frei: Redewendungen im Deutschunterricht • Best.-Nr. 918
© Brigg Pädagogik Verlag GmbH, Augsburg

7

Konzept

Eine Trainingseinheit umfasst ein Titelblatt und sieben Arbeitsblätter. Auf dem Titelblatt sind die Redewendungen aufgeführt, welche in dieser Einheit vorkommen. Auf der Rückseite der Arbeitsblätter befindet sich jeweils das Lösungsblatt, welches unten mit einem L gekennzeichnet ist. Die Rückseite des Titelblatts bleibt für Lehrerinformationen reserviert. Nach der Einführung in ein Thema sind die Kinder in der Lage, die Trainingseinheit dazu selbstständig zu bearbeiten.

Zur Lösung einiger Aufgaben werden Texte benötigt (siehe S. 15 - 20). Die Arbeitsblätter, welche einen Lesetext zur Bearbeitung erfordern, sind unten mit einem T gekennzeichnet. Auf den Lesetexten gibt die weiße Zahl an, zu welchem Level einer Trainingseinheit der Text gehört. Die Lesetexte müssen kopiert und zusammen mit den Arbeitsblättern den Schüler/-innen gegeben werden.

Ab S. 10 ist eine Liste über alle verwendeten Redensarten und deren Bedeutung zu finden. Sie dient der Lehrkraft als Übersicht oder kann den Schülerinnen und Schülern als Kontrollblatt an die Hand gegeben werden.

Nach der Bearbeitung der vier Trainingseinheiten steht eine Lernkontrolle zur Überprüfung des Gelernten zur Verfügung (siehe S. 12/13).

Layout der Arbeitsblätter
Die Gestaltung der Trainingseinheiten orientiert sich an der Gameboy Ästhetik – die verschiedenen Einheiten können sozusagen als Gamekassetten betrachtet werden. Die Kopfzeile jedes Arbeitsblattes enthält eine *Powerbar*, welche für die Selbstevaluation gedacht ist. Die *Powerbar* ist in Abschnitte unterteilt – je nach Anzahl der auszufüllenden Leerstellen auf dem Arbeitsblatt (bzw. auf dem Titelblatt nach der Anzahl der Arbeitsblätter in dieser Einheit). Die Kinder sollen darin so viele Felder ausmalen, wie sie Lücken richtig gelöst haben bzw. wie sie Arbeitsblätter bearbeitet haben.

Sepp Schachtler/Albert Frei: Redewendungen im Deutschunterricht • Best.-Nr. 918
© Brigg Pädagogik Verlag GmbH, Augsburg

Einsatzmöglichkeiten

Classic

Einsatz als Trainingseinheit für alle. Die acht Blätter werden als Broschüre kopiert an alle ausgeteilt. Die Kinder wählen aus, welches Arbeitsblatt für sie sinnvoll ist. Teilweise gelöste Arbeitsblätter werden in einem Ordner abgelegt und später für Repetitionen verwendet.

Notration

Die Trainingseinheiten können für besondere Anlässe bereitgehalten werden (bei Lehrerausfall etc.). Wer fertig ist, erhält die nächste Trainingseinheit.

À la carte

Es werden keine Broschüren für alle kopiert. Die Lehrkraft wählt anhand der Schwerpunktübersicht für jedes Kind die zu lösenden Blätter aus, kopiert und heftet sie zusammen. So wird individuell angepasster Niveauunterricht möglich – die Arbeit in Gruppen, das Lernen von anderen wird aber erschwert. Jedoch fallen keine unnützen Kopien an.

Buffet

Die Blätter stehen geordnet nach Themen zur Verfügung. Die Kinder wählen Blatt und Blatt aus und kopieren selbst.

De luxe

Passend und vertiefend zum Klassenunterricht werden einzelne Arbeitsblätter ausgewählt und als Klassensatz kopiert.

Selbstkorrektur

Selbstkorrektur bringt für die Kinder enorme Vorteile, da der Aha-Effekt beim Vergleichen der Resultate den größten Lernerfolg bringt. Zudem ist häufig die Korrektur durch die Lehrkraft das große Nadelöhr, welches vorgibt, wie viel in einer Klasse gearbeitet werden kann. Für die optimale Selbstkorrektur bei allen obigen Einsatzmöglichkeiten empfiehlt sich die Herstellung kleiner Lösungsheftchen. Dazu kann die Funktion „Broschüre einseitig kopieren" moderner Kopierapparate verwendet werden.

Weiterführende Arbeiten

- eine Fabel als Rollenspiel darstellen
- Redensarten pantomimisch spielen/erraten
- Redensarten zeichnen/erraten (Montagsmaler)
- eigene Bilder zu den Redensarten gestalten
- eigene Kreuzworträtsel erstellen
- mit den Redewendungen Hangman spielen
- eigene Kuckuckseier erstellen
- mit gesammelten Redensarten ein Plakat gestalten

Sepp Schachtler/Albert Frei: Redewendungen im Deutschunterricht • Best.-Nr. 918
© Brigg Pädagogik Verlag GmbH, Augsburg

Übersicht: Redewendungen und ihre Bedeutung

Überprüfe dich selbst. Welche Redensarten kennst du schon? Male die folgenden Kästchen entsprechend aus.

Rot – Das habe ich noch nie gehört.

Gelb – Das kommt mir bekannt vor.

Grün – Diese Redensart kenne ich gut.

	Redewendung	*Bedeutung*
	☐ das Kriegsbeil begraben	*Frieden schließen*
	☐ den Nagel auf den Kopf treffen	*genau das Richtige, das Passende sagen*
In der Tinte sitzen	☐ in der Tinte sitzen	*in Schwierigkeiten sein*
	☐ nicht alle Tassen im Schrank haben	*verrückt sein, sich ungewöhnlich verhalten*
	☐ sich wie ein Fisch im Wasser fühlen	*sich wohlfühlen*
	☐ den Teufel an die Wand malen	*ans Schlimmste denken, pessimistisch sein*
	☐ jemandem Steine in den Weg legen	*jemanden behindern, Schwierigkeiten bereiten*
	☐ die Katze aus dem Sack lassen	*ein Geheimnis lüften, eine Neuigkeit bekannt geben*

	☐ die Flinte ins Korn werfen	*den Mut verlieren, aufgeben, resignieren*
	☐ zwei Fliegen mit einer Klappe schlagen	*mit einer Aktion zwei Dinge erreichen*
Im gleichen Boot sitzen	☐ im gleichen Boot sitzen	*in derselben Lage sein*
	☐ nach den Sternen greifen	*etwas (fast) Unerreichbares anstreben*
	☐ Schiffbruch erleiden	*erfolglos sein, scheitern*
	☐ in eine Sackgasse geraten	*keinen Ausweg mehr finden*
	☐ mit Kanonen auf Spatzen schießen	*überreagieren, übereifrig sein*
	☐ vor jemandem den Hut ziehen	*große Achtung haben*

Sepp Schachtler/Albert Frei: Redewendungen im Deutschunterricht • Best.-Nr. 918
© Brigg Pädagogik Verlag GmbH, Augsburg

Auf großem Fuß leben

☐ das Kriegsbeil begraben	*Frieden schließen*
☐ sich etwas hinter die Ohren schreiben	*sich etwas gut merken, aufmerksam sein*
☐ von der Hand in den Mund leben	*arm sein*
☐ die Daumen drücken	*Glück wünschen*
☐ sich wie ein Fisch im Wasser fühlen	*sich wohlfühlen*
☐ den Teufel an die Wand malen	*ans Schlimmste denken, pessimistisch sein*
☐ jemandem sitzt die Angst im Nacken	*jemand hat große Angst*
☐ die Katze aus dem Sack lassen	*ein Geheimnis lüften, eine Neuigkeit bekannt geben*
☐ auf großem Fuss leben	*luxuriös / verschwenderisch leben*
☐ jemanden im Regen stehen lassen	*jemanden in einer Notlage alleinlassen*
☐ sich ins eigene Fleisch schneiden	*sich ungewollt Schaden zufügen*
☐ kein Blatt vor den Mund nehmen	*die reine Wahrheit sagen*
☐ die Flinte ins Korn werfen	*den Mut verlieren, aufgeben, resignieren*
☐ sich den Bauch vollschlagen	*viel / übermäßig essen*
☐ etwas auf die leichte Schulter nehmen	*etwas nicht ernst nehmen / unterschätzen*
☐ auf der faulen Haut liegen	*faulenzen, nichts tun*
☐ etwas schweren Herzens tun	*etwas sehr bekümmert / ungern tun*

Auf einem Pulverfass sitzen

☐ die Katze im Sack kaufen	*etwas kaufen, ohne es gesehen zu haben*
☐ ein Angsthase sein	*ängstlich, feige sein*
☐ auf Sand gebaut sein	*zum Scheitern verurteilt sein*
☐ mit dem Kopf durch die Wand wollen	*etwas erzwingen wollen*
☐ die Suppe auslöffeln	*ein selbst verschuldetes Problem lösen*
☐ den Löwenanteil bekommen	*den größten Anteil bekommen*
☐ in den sauren Apfel beißen	*etwas Unangenehmes, aber Notwendiges tun*
☐ das Handtuch werfen	*aufgeben*
☐ auf einem Pulverfass sitzen	*in größter Gefahr sein*
☐ einen Bock schießen	*einen groben Fehler machen*
☐ wie ein Blitz aus heiterem Himmel	*völlig unerwartet*
☐ auf dem Geld sitzen	*geizig sein*

Sepp Schachtler/Albert Frei: Redewendungen im Deutschunterricht • Best.-Nr. 918
© Brigg Pädagogik Verlag GmbH, Augsburg

Zeige, was du kannst

Sepp Schachtler/Albert Frei: Redewendungen im Deutschunterricht • Best.-Nr. 918
© Brigg Pädagogik Verlag GmbH, Augsburg

N a m e

Erreichte Punktzahl:

---

1. *Notiere zu jeder Zeichnung die Redensart und ihre Bedeutung!*
(2 Punkte / Aufgabe)

Redensart   **Bedeutung**

a) _____

b) _____

c) _____

d) _____

e) _____

f) _____

---

7. *Welche Redensart ist gemeint? Schreibe den ganzen Satz auf. (1 Punkt / Aufgabe)*
Beispiel:
Yannik hat große Probleme.   **Yannik sitzt in der Tinte.**

a) Sie lebten in großer Armut. _____

_____

b) Ich wünsche dir Glück. _____

_____

 1   **Lernkontrolle**

12

c) Er lebt sehr luxuriös. _____

_____

d) Die beiden schlossen Frieden. _____

_____

e) Ich fühle mich hier sehr wohl. _____

_____

f) Völlig unerwartet stand er da. _____

_____

g) Mit dieser Aktion erreichen wir zwei Dinge auf einmal. _____

_____

h) Sie befinden sich in großer Gefahr. _____

_____

i) Petra ist geizig. _____

_____

j) Er denkt immer an das Schlimmste. _____

_____

k) Susanne und Heinz nehmen es nicht ernst. _____

_____

l) Ich finde keinen Ausweg mehr. _____

_____

Sepp Schachtler/Albert Frei: Redewendungen im Deutschunterricht • Best.-Nr. 918
© Brigg Pädagogik Verlag GmbH, Augsburg

Lernkontrolle ②

1. a) jemandem Steine in den Weg legen   jemanden behindern,

   jemandem Schwierigkeiten

   bereiten

   b) die Katze aus dem Sack lassen   ein Geheimnis lüften,

   eine Neuigkeit bekannt geben

   c) in der Tinte sitzen   in Schwierigkeiten sein

   d) Schiffbruch erleiden   erfolglos sein, scheitern

   e) im gleichen Boot sitzen   in derselben Lage sein

   f) das Handtuch werfen   aufgeben

2. a) Sie lebten von der Hand in den Mund.

   b) Ich drücke dir die Daumen.

   c) Er lebt auf großem Fuß.

   d) Die beiden begruben das Kriegsbeil.

   e) Ich fühle mich hier wie ein Fisch im Wasser.

   f) Wie ein Blitz aus heiterem Himmel stand er da.

   g) Mit dieser Aktion schlagen wir zwei Fliegen mit einer Klappe.

   h) Sie sitzen auf dem Pulverfass.

   i) Petra sitzt auf dem Geld.

   j) Er malt immer den Teufel an die Wand.

   k) Susanne und Heinz nehmen es auf die leichte Schulter.

   l) Ich bin in eine Sackgasse geraten.

Sepp Schachtler/Albert Frei: Redewendungen im Deutschunterricht • Best.-Nr. 918
© Brigg Pädagogik Verlag GmbH, Augsburg

L **Lernkontrolle**

Das Pferd und der Esel

Ein Bauer führte ein Pferd und einen Esel auf den Markt. Beide Tiere trugen die gleiche Last. Dies passte dem Esel überhaupt nicht. Er protestierte mit lauter Stimme und beschimpfte das Pferd fortwährend. Als sie schon einen großen Teil des Weges zurückgelegt hatten, fühlte der Esel seine Kräfte langsam schwinden. **„Ach, wollen wir uns nicht wieder vertragen?"**, wandte er sich mit kraftloser Stimme an das Pferd. „Ich bin völlig überfordert mit meiner Last. Du bist viel größer und stärker als ich und hast nicht schwerer zu tragen. Bitte, nimm mir einen Teil ab, sonst hat bald einmal mein letztes Stündlein geschlagen."

Das Pferd meinte hartherzig: „Ich glaube, **du bist ein bisschen verrückt.** Ich kann doch nicht zwei Lasten tragen." Und es schlug dem Bedauernswerten seine Bitte ab. Es fügte noch hinzu: **„Du denkst gleich ans Schlimmste.** Vertrau lieber auf deine Eselskräfte."

Keuchend schleppte sich der Esel weiter. Kurze Zeit später brach er erschöpft zusammen. Jetzt **gab es für das Pferd ein großes Problem.** Dem Herrn blieb nämlich nichts anderes übrig, als die Last, die der Esel getragen hatte, dem Pferd aufzuladen. Und um noch etwas vom Esel zu retten, zog ihm der Besitzer das Fell ab und legte auch dieses noch dem Pferde auf den Rücken.

Zu spät bereute dieses seine Hartherzigkeit. „Mit leichter Mühe", so klagte es, „hätte ich dem Esel einen kleinen Teil seiner Last abnehmen und ihn vor dem Tode retten können. Jetzt muss ich dafür das doppelte Gewicht und dazu noch die Eselshaut tragen."

Mit dieser späten Einsicht **hatte es genau das Richtige gesagt.**

Sepp Schachtler/Albert Frei: Redewendungen im Deutschunterricht • Best.-Nr. 918
© Brigg Pädagogik Verlag GmbH, Augsburg

Die beiden Frösche

Zwei Frösche lebten mit sich und der Welt zufrieden in einem schilfumsäumten Weiher. Sie genossen ihr wunderbares Zuhause jeden Tag ausgiebig.

Doch sie hatten nicht mit der Sonne gerechnet. Diese brannte im Sommer unbarmherzig vom blauen Himmel, tagelang. Der Tummelplatz der Frösche trocknete langsam aus und ihnen wurde diese Veränderung schmerzlich bewusst. Besorgt meinte der eine zum andern: **„Wir sind beide in derselben schlechten Lage.** Was sollen wir nur tun?" Da war guter Rat teuer!

An einem Mittag war es so weit. Der letzte Tropfen war verdunstet. Die beiden Frösche hüpften mit unbekanntem Ziel davon. Gegen Abend kamen sie zu einem Bauernhaus. Durch einen Türspalt gelangten sie in eine Kammer. Am Boden stand eine mit Milch gefüllte Schüssel. Sie frohlockten bei deren Anblick, denn die Reise hatte sie müde und durstig gemacht. So sprangen beide ohne zu überlegen hinein und labten sich an der kühlen Milch.

Nachdem sie ihren Durst gelöscht hatten, wollten sie die Schüssel wieder verlassen. Doch so sehr sie sich auch abmühten, die glatte Wand war nicht zu bezwingen. Die Bedauernswerten rutschten immer wieder in die Milch zurück. Sie sahen einander verzweifelt an und waren sich einig: **„Wir sind gescheitert!"**

Der eine Frosch fand sich mit seinem Schicksal ab. Bevor er versank, quakte er leise: **„Ich finde keinen Ausweg,** da gibt es keine Hoffnung mehr!" Er machte keine Bewegung mehr und verendete auf dem Schüsselboden.

Doch der andere Frosch **gab noch nicht auf.** Mit letzten Kräften strampelte er um sein Leben. Plötzlich fühlte er etwas Festes unter seinen Füßen. Oh Wunder, ein Butterbrocken war entstanden! Der Frosch konnte sich abstoßen und war im Freien.

Diese Leistung verdient **große Anerkennung!**

Sepp Schachtler/Albert Frei: Redewendungen im Deutschunterricht • Best.-Nr. 918
© Brigg Pädagogik Verlag GmbH, Augsburg

7   **Im gleichen Boot sitzen**

Der Schein trügt

Eine Feldmaus lebte zwischen den Wurzeln eines Birnbaumes. Ihre Nahrung musste sie sich oft von weit her beschaffen, denn was auf den Tisch kam, hing ganz von der Jahreszeit ab. Sie lebte in großer Armut, doch sie war zufrieden. Es gab aber einen Wermutstropfen. Seit längerer Zeit hatte sie nämlich mit ihrer Cousine, der Hausmaus, Streit. Und diese Situation plagte sie von Tag zu Tag mehr. „Ich muss mich so schnell wie möglich mit der Hausmaus versöhnen", nahm sie sich vor.

Die Hausmaus ihrerseits musste keinen Hunger leiden. Täglich war ihr Tisch reichlich gedeckt. Aber rundum glücklich war auch sie nicht. Die leidige Sache mit der Feldmaus machte ihr zu schaffen. Und sie hoffte, sich mit dieser bald wieder gut zu vertragen.

Eines Tages lud die Feldmaus die Hausmaus zu sich aufs Land ein. Freudig nahm diese die Einladung an. Nach der Begrüßung sprachen sich die Mäuse zuerst einmal gründlich aus und schlossen danach Frieden.

Es war zu spüren, wie erleichtert die beiden Tiere waren. „Nun wollen wir unsere Versöhnung mit einem Festessen feiern. Ich hoffe, dass dir die Speisen munden werden!", meinte die Gastgeberin. Es war Herbst, und so konnte dieses eine Mal ein reichhaltiges Essen aufgetischt werden. Es gab Eicheln, Haselnüsse, Walnüsse, Weizen, Birnen und sogar süße Trauben.

Doch für die Hausmaus war dies ein ungewohntes Menü. Sie klagte: „Diese Mahlzeit bekommt mir nicht. Eicheln esse ich nie, die Weizenkörner sind mir zu hart, und von rohem Obst bekomme ich Bauchweh!" Die Feldmaus war schon etwas enttäuscht. Doch schnell hatte sie sich wieder gefasst und erwiderte beinahe entschuldigend: „Ich wollte dich hier so richtig verwöhnen, aber ich kann dich gut verstehen!"

Nicht bescheiden meinte darauf die Hausmaus: „Du hast dir zwar große Mühe gegeben, aber falls du mich wieder einmal einlädst, merke dir gut, was für mich bekömmlich ist, nämlich Schinken, Käse, Kuchen und weiße Brötchen!"

„Leider werden bei mir solche Leckerbissen wohl nie auf dem Tisch stehen", entgegnete die Feldmaus mit etwas trauriger Stimme. Aber schnell änderte sich ihre Stimmung wieder, und sie meinte: „Für mich persönlich ist die Welt hier in Ordnung. Ich fühle mich jedenfalls hier draußen sehr wohl."

Sepp Schachtler/Albert Frei: Redewendungen im Deutschunterricht • Best.-Nr. 918
© Brigg Pädagogik Verlag GmbH, Augsburg

Auf großem Fuß leben 2

T

Lesetext
Fortsetzung „Der Schein trügt"

Kurze Zeit später verabschiedete sich die Hausmaus mit herzlichen Worten von ihrer Cousine. Diese meinte abschließend: „Ich bewundere dich, dass du so genügsam leben kannst. Aber besuche mich doch einmal in meiner Behausung!"

Die Feldmaus freute sich über diese Einladung sehr und dachte: „Bald werde ich wissen, ob die Hausmaus so luxuriös lebt oder ob sie vielleicht doch etwas übertrieben hat."

Schon eine Woche später tauchte sie in der Wohnung der Hausmaus auf. Die gewohnte Ruhe, die auf dem Lande herrschte, musste sie natürlich vergessen. Dafür aber wurde ihr ein köstliches Essen aufgetischt. Schon beim Anblick der leckeren Dinge bekam sie großen Appetit. Es gab Schinken, Käse, Bananen, Kuchen und weiße Brötchen. Die Feldmaus griff herzhaft zu. „Woher hast du nur all die feinen Sachen?", fragte sie neugierig. „Hab noch etwas Geduld, ich werde es dir bald verraten!", erwiderte die Hausmaus mit einem geheimnisvollen Lächeln.

Nach der ausgiebigen Mahlzeit führte sie ihren Besuch in einen Laden direkt neben der Mäusewohnung. Auf den Regalen gab es allerlei Köstlichkeiten zu entdecken. Die Feldmaus kam aus dem Staunen kaum mehr heraus.

Plötzlich aber wurden die Mäuse von einer schrillen Stimme aufgeschreckt. „Da sind sie wieder, diese verflixten Mäuse! Mauz, komm und fang sie!" Ein schwarzer Kater setzte zum Sprung an. In letzter Sekunde konnten sich die beiden Mäuse in ein Mauseloch retten. Die Feldmaus zitterte noch lange am ganzen Körper. Als sie sich von ihrem Schrecken erholt hatte, seufzte sie: „Das war knapp." Und mit wieder gefasster Stimme fügte sie noch hinzu: „Du kannst dir die leckersten Sachen holen, musst aber jeden Tag in großer Angst leben. Ich jedenfalls möchte nicht mit dir tauschen. Das ruhige Leben auf dem Feld gefällt mir besser."

Sie bedankte sich sehr höflich bei ihrer Gastgeberin für die tolle Bewirtung und gab ihrer Freude über die neu entstandene Freundschaft Ausdruck.

Dann war es für die Feldmaus Zeit, den Nachhauseweg anzutreten. Noch unter der Tür rief sie der Hausmaus zu: „Für die Zukunft wünsche ich dir viel Glück. Pass auf dich auf!" Und bald war sie in der Dunkelheit verschwunden.

Sepp Schachtler/Albert Frei: Redewendungen im Deutschunterricht • Best.-Nr. 918
© Brigg Pädagogik Verlag GmbH, Augsburg

Spare in der Zeit, so hast du in der Not

Es war mitten im Hochsommer und die Sonne brannte heiß vom Himmel. Eine Ameise ließ sich aber von der Hitze wenig beeindrucken und schleppte unermüdlich Körnchen für Körnchen als Wintervorrat in ihre Behausung. Ameisen können eben nicht **faulenzen (1).**

Am Wegrand zirpte eine Grille. Diese hatte aber keine Lust zu arbeiten.

„Du solltest ein wenig für die Winterzeit vorsorgen!", rief die Ameise der Grille zu. „Das eilt nicht!", antwortete diese, „bis zum Winter dauert es noch lange." „Durch dein Nichtstun wirst du dir **selber Schaden zufügen (2)",** redete ihr die Ameise ins Gewissen. Doch die Grille **nahm** die mahnenden Worte der Ameise **nicht ernst (3).** Sie meinte: „Du **denkst immer gleich ans Schlimmste (4)."** Sie schlug der Ameise vor: „Komm, setz dich neben mich und wir genießen zusammen den warmen Sonnenschein."

„Ich habe dafür keine Zeit!", gab die Ameise der Grille unwirsch zur Antwort. „Befolge lieber meinen Rat und hör auf, dich den ganzen Tag an deinen eigenen Tönen zu ergötzen. Denk lieber mal an morgen!"

Die Grille aber hatte nach wie vor kein Gehör für die guten Ratschläge. Und während die Ameise schleppte und schuftete, zirpte sie unentwegt weiter. Beiläufig meinte sie: „Ich singe auch für dich, weil du selbst keine Zeit dazu hast!"

Die Wochen vergingen. Der Herbst war vorüber und der Winter hielt mit kalten Winden und Schneegestöber Einzug.

Die Grille fand kaum mehr etwas zu fressen und hätte **den Mut verloren (5),** wäre ihr nicht die Ameise in den Sinn gekommen. Dem Hungertod nahe, schleppte sie sich **bekümmert (6)** zum Ameisenbau. Sie klopfte an die Tür und sagte mit weinerlicher Stimme: „Du hast Nahrung im Überfluss. Sicher bleibt für mich auch ein Häppchen übrig, sonst muss ich elendiglich verhungern!"

Die Ameise **sagte** der Grille **unverblümt die Wahrheit (7):** „Du hast im Sommer nicht auf mich gehört. Auf meine Hilfe kannst du jetzt nicht zählen!" Dann wandte sie sich von der Grille ab und **ließ diese in ihrer Notlage allein (8).**

Die Grille musste weiterhin Hunger leiden und war auf fremde Hilfe angewiesen. Die Ameise aber saß zufrieden in ihrem Bau. Sie konnte jeden Tag **reichlich essen (9)** und dies den ganzen Winter lang.

Auf großem Fuß leben

T

6

Der Hase und die Frösche

Ein Hase sitzt traurig und allein am Wegrand. Sein großes Problem, die Schreckhaftigkeit, hat er längst erkannt. Bei jedem Geräusch beginnt er, zu zittern und ist völlig verunsichert. **„Ich bin ängstlich und feige"**, jammert er. Selbst in der Nacht schließt er kaum die Augen und bildet sich ein: **„Ich lebe ständig in größter Gefahr."**

Er denkt darüber nach, warum ihn täglich dieses Schreckensgespenst verfolgt. Selbstkritisch meint er: **„Ich habe einen groben Fehler gemacht.** Ich hätte mich nicht einfach gehen lassen dürfen. Ich allein trage die Schuld für meine auffällige Verunsicherung. Und so **will ich selbst eine Lösung finden."**

Er gibt sich große Mühe, seine Schwäche zu unterdrücken, stellt jedoch nach einiger Zeit fest: „Meine guten Vorsätze und Bemühungen sind leider **zum Scheitern verurteilt."**

Er macht die Erfahrung, dass Misstrauen und Angst sich nicht so einfach verdrängen lassen. Ihm fehlt einfach die Kraft, sich zu überwinden, und schließlich meint er deprimiert: „Ich habe keine andere Wahl, ich sehe mich gezwungen, **aufzugeben."**

Am folgenden Tag, noch in der Morgendämmerung, hört er Motorengeräusche. In panischer Angst springt er auf und hoppelt davon. An einem Weiher macht er halt, um etwas zu verschnaufen. Und schon wieder vernimmt er seltsame Geräusche, die ihm Angst einflößen.

Er blickt verunsichert um sich und glaubt, seinen Augen nicht zu trauen. Aufgescheuchte Frösche springen ins Wasser.

„Das kommt für mich **völlig unerwartet!** Die Frösche fürchten sich vor mir", keucht er freudig erregt, „unglaublich, es gibt tatsächlich Tiere, die vor mir zittern!"
Und plötzlich ist die Angst wie weggeblasen. Der Hase fühlt sich als Held.

Sepp Schachtler/Albert Frei: Redewendungen im Deutschunterricht • Best.-Nr. 918
© Brigg Pädagogik Verlag GmbH, Augsburg

T

7   **Auf einem Pulverfass sitzen**

Trainingseinheit
In der Tinte sitzen

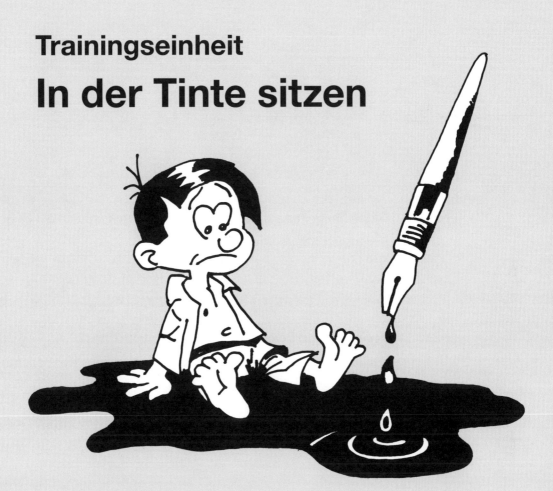

**In dieser Trainingseinheit lernst du folgende Redensarten
und ihre Bedeutung kennen:**

- das Kriegsbeil begraben
- den Nagel auf den Kopf treffen
- in der Tinte sitzen
- nicht alle Tassen im Schrank haben
- sich wie ein Fisch im Wasser fühlen
- den Teufel an die Wand malen
- jemandem Steine in den Weg legen
- die Katze aus dem Sack lassen

Sepp Schachtler/Albe't Frei: Redewendungen im Deutschunterricht • Best.-Nr. 918
© Brigg Pädagogik Verlag GmbH, Augsburg

Trainingseinheit
In der Tinte sitzen

 **Bedienung**

Level 1: **Gezeichnete Redensarten** Den Zeichnungen müssen die passenden Redensarten zugeordnet werden.

Level 2: **Kreuzworträtsel** Die gesuchten Wörter müssen in der vorgegebenen Reihenfolge eingesetzt werden, damit das Lösungswort gefunden wird.

Level 3: **Redensart und Bedeutung** Form: Multiple Choice
Zur Zeichnung muss die Redensart notiert und aus vier Bedeutungen die richtige angekreuzt werden.

Level 4: **Kuckuckseier** Die fett gedruckten Satzteile lassen lustige Nonsens-Sätze entstehen. Sie müssen durch die passende Redensart ersetzt werden.

Level 5/6: **Zeitformen** Voraussetzung: Präsens, Präteritum und Perfekt sind bekannt. Gezeichnete Redensarten und Satzanfänge sind gegeben. Der Redensarten-Satz wie auch die Bedeutung müssen in der vorgegebenen Zeit notiert werden.

Level 7: **Das Pferd und der Esel** (Lesetext auf S. 15) Der Text enthält fünf fett gedruckte Stellen. Die gezeichneten Redensarten sind eine Hilfe zur Lösungsfindung. Die veränderten Sätze werden zur Zeichnung geschrieben.

Sepp Schachtler/Albert Frei: Redewendungen im Deutschunterricht • Best.-Nr. 918
© Brigg Pädagogik Verlag GmbH, Augsburg

Welche Redensarten kennst du schon? Schreibe sie unter die Zeichnungen und finde mithilfe der Titelseite die restlichen Redensarten.

_____

_____

_____

_____

_____

_____

_____

_____

_____

_____   _____

_____   _____

Sepp Schachtler/Albert Frei: Redewendungen im Deutschunterricht • Best.-Nr. 918
© Brigg Pädagogik Verlag GmbH, Augsburg

In der Tinte sitzen   1

Welche Redensarten kennst du schon? Schreibe sie unter die Zeichnungen und finde mithilfe der Titelseite die restlichen Redensarten.

das Kriegsbeil begraben

den Nagel auf den Kopf treffen

den Teufel an die Wand malen

in der Tinte sitzen

nicht alle Tassen im Schrank haben

sich wie ein Fisch im Wasser fühlen

die Katze aus dem Sack lassen

jemandem Steine in den Weg legen

L

1   **In der Tinte sitzen**

Sepp Schachtler/Albert Frei: Redewendungen im Deutschunterricht • Best.-Nr. 918
© Brigg Pädagogik Verlag GmbH, Augsburg

Richtig gelöst:

♡ ♡ ♡

Fülle die Lücken und platziere die Wörter der Reihe nach im Kreuzworträtsel.
Finde so das Lösungswort!

1.
2.
3.
4.
5.
6.
7.
8.

Redensart

1. sich fühlen wie ein _____ im Wasser

2. nicht mehr alle _____ im Schrank haben

3. den _____ an die Wand malen

4. das Kriegs_____ begraben

5. den Nagel auf den _____ treffen

6. jemandem _____ in den Weg legen

7. die Katze aus dem Sack _____

8. in der Tinte _____

Lösungswort: _____

Sepp Schachtler/Albert Frei: Redewendungen im Deutschunterricht • Best.-Nr. 918
© Brigg Pädagogik Verlag GmbH, Augsburg

In der Tinte sitzen 2

*Fülle die Lücken und platziere die Wörter der Reihe nach im Kreuzworträtsel.
Finde so das Lösungswort!*

1.	**F**	I	S	C	H	
2.	T	**A**	S	S	E	N
3.	T	E	**U**	F	E	L
4. B	E	I	**L**			
5.	K	O	**P**	F		
6. S	T	**E**	I	N	E	
7.	L	A	S	**S**	E	N
8. S	I	T	**Z**	E	N	

Redensart

1. sich fühlen wie ein **Fisch** im Wasser

2. nicht mehr alle **Tassen** im Schrank haben

3. den **Teufel** an die Wand malen

4. das Kriegs**beil** begraben

5. den Nagel auf den **Kopf** treffen

6. jemandem **Steine** in den Weg legen

7. die Katze aus dem Sack **lassen**

8. in der Tinte **sitzen**

Lösungswort: **Faulpelz**

Sepp Schachtler/Albert Frei: Redewendungen im Deutschunterricht • Best.-Nr. 918
© Brigg Pädagogik Verlag GmbH, Augsburg

L

2 **In der Tinte sitzen**

Notiere die Redensart und kreuze die dazugehörende Bedeutung an!

1. _____

bedeutet:
☐ Susanne ist ordnungsliebend.
☐ Sie ist ein bisschen verrückt.
☐ Sie vermisst eine Tasse.
☐ Sie ist gegenüber ihren Mitmenschen
sehr misstrauisch.

2. _____

bedeutet:
☐ Remo hat Spaß.
☐ Er will auffallen.
☐ Er ist in Schwierigkeiten.
☐ Er hält nicht viel von Sauberkeit.

3. _____

bedeutet:
☐ Herr Maier ist ungläubig.
☐ Der Teufel ist ihm sympathisch.
☐ Er denkt immer gleich ans Schlimmste.
☐ Er ist mit sich und der Welt total unzu-
frieden.

4. _____

bedeutet:
☐ Fabian versperrt jemandem den Weg.
☐ Er ist ein Spielverderber.
☐ Er handelt unüberlegt.
☐ Er bereitet jemandem Schwierigkeiten.

5. _____

bedeutet:
☐ Patrick taucht gerne.
☐ Er ist immer neugierig.
☐ Er ist offen für Neues
☐ Er fühlt sich in seinem
Zuhause pudelwohl.

Sepp Schachtler/Albert Frei: Redewendungen im Deutschunterricht • Best.-Nr. 918
© Brigg Pädagogik Verlag GmbH, Augsburg

In der Tinte sitzen 3

Notiere die Redensart und kreuze die dazugehörende Bedeutung an!

1. nicht mehr alle Tassen im Schrank haben

bedeutet:

- ☐ Susanne ist ordnungsliebend.
- ☒ Sie ist ein bisschen verrückt.
- ☐ Sie vermisst eine Tasse.
- ☐ Sie ist gegenüber ihren Mitmenschen sehr misstrauisch.

2. in der Tinte sitzen

bedeutet:

- ☐ Remo hat Spaß.
- ☐ Er will auffallen.
- ☒ Er ist in Schwierigkeiten.
- ☐ Er hält nicht viel von Sauberkeit.

3. den Teufel an die Wand malen

bedeutet:

- ☐ Herr Maier ist ungläubig.
- ☐ Der Teufel ist ihm sympathisch.
- ☒ Er denkt immer gleich ans Schlimmste.
- ☐ Er ist mit sich und der Welt total unzufrieden.

4. jemandem Steine in den Weg legen

bedeutet:

- ☐ Fabian versperrt jemandem den Weg.
- ☐ Er ist ein Spielverderber.
- ☐ Er handelt unüberlegt.
- ☒ Er bereitet jemandem Schwierigkeiten.

5. sich fühlen wie ein Fisch im Wasser

bedeutet:

- ☐ Patrick taucht gerne.
- ☐ Er ist immer neugierig.
- ☐ Er ist offen für Neues.
- ☒ Er fühlt sich in seinem Zuhause pudelwohl.

Sepp Schachtler/Albert Frei: Redewendungen im Deutschunterricht • Best.-Nr. 918
© Brigg Pädagogik Verlag GmbH, Augsburg

L

3 In der Tinte sitzen

Richtig gelöst:

♡ ♡ ♡

Ersetze die fett gedruckten Textstellen durch eine Redensart!
Schreibe diese auf die leere Zeile!

1. Die zerstrittenen Nachbarn Hans und Rolf beschlossen eines Tages, das **Unkraut** zu **vernichten.**

   _____

2. Im Hawaiiurlaub fühlte sich Frau Sommer stets wie ein **Krokodil** im **Ententeich.**

   _____

3. Nach langem Schweigen ließ der Manager des Fußballclubs endlich die **Schlange** aus dem **Hut** und gab auf einer Pressekonferenz den Namen des neuen Trainers bekannt.

   _____

4. Ein Betrunkener steigt in Zürich in ein Taxi und lallt: „Nach New York, bitte!" Der Taxifahrer meint: „Sie haben wohl nicht mehr alle **Hirnzellen** im **Kopf!"**

   _____

   _____

5. René möchte unbedingt den Gasthof zum Bieregg kaufen. Dabei werden ihm aber **Flaschen** in den **Kasten geworfen.**

   _____

6. Herr Fröhlich macht Ferien in Südamerika. Doch schon am ersten Tag vermisst er seine Kreditkarte. Jetzt **steht** er ganz schön **in der Hotelhalle.**

   _____

Sepp Schachtler/Albert Frei: Redewendungen im Deutschunterricht • Best.-Nr. 918
© Brigg Pädagogik Verlag GmbH, Augsburg

In der Tinte sitzen 4

Ersetze die fett gedruckten Textstellen durch eine Redensart!
Schreibe diese auf die leere Zeile!

1. Die zerstrittenen Nachbarn Hans und Rolf beschlossen eines Tages, das **Unkraut** zu **vernichten.**

   das Kriegsbeil zu begraben.

2. Im Hawaiiurlaub fühlte sich Frau Sommer stets wie ein **Krokodil** im **Ententeich.**

   wie ein Fisch im Wasser.

3. Nach langem Schweigen ließ der Manager des Fußballclubs endlich die **Schlange** aus dem **Hut** und gab auf einer Pressekonferenz den Namen des neuen Trainers bekannt.

   die Katze aus dem Sack

4. Ein Betrunkener steigt in Zürich in ein Taxi und lallt: „Nach New York, bitte!" Der Taxifahrer meint: „Sie haben wohl nicht mehr alle **Hirnzellen** im **Kopf!"**

   nicht mehr alle Tassen im Schrank!

5. René möchte unbedingt den Gasthof zum Bieregg kaufen. Dabei werden ihm aber **Flaschen** in den **Kasten geworfen.**

   Steine in den Weg gelegt.

6. Herr Fröhlich macht Ferien in Südamerika. Doch schon am ersten Tag vermisst er seine Kreditkarte. Jetzt **steht** er ganz schön **in der Hotelhalle.**

   sitzt er in der Tinte.

Sepp Schachtler/Albert Frei: Redewendungen im Deutschunterricht • Best.-Nr. 918
© Brigg Pädagogik Verlag GmbH, Augsburg

L

4   **In der Tinte sitzen**

Richtig gelöst:

♡ ♡ ♡

Mit den unten stehenden Wörtern lassen sich die Bedeutungen zu den abgebildeten Redensarten formulieren.
Markiere, was zusammengehört und notiere Redensart und Bedeutung in der verlangten Zeitform! Achtung: Einige Wörter bleiben übrig.

gewinnen   traurig   genau   bekannt geben   das Richtige   treffen

sagen   schließen   Katze   Frieden   eine Neuigkeit   lachen

1.

Zeitform: Präteritum

Redensart: Rolf _____

_____

Bedeutung: Er _____

_____

2.

Zeitform: Präsens

Redensart: Edina _____

_____

Bedeutung: Sie _____

_____

3.

Zeitform: Perfekt

Redensart: Du _____

_____

Bedeutung: Du _____

_____

Sepp Schachtler/Albert Frei: Redewendungen im Deutschunterricht • Best.-Nr. 918
© Brigg Pädagogik Verlag GmbH, Augsburg

In der Tinte sitzen 5

Mit den unten stehenden Wörtern lassen sich die Bedeutungen zu den abgebildeten Redensarten formulieren.
Markiere, was zusammengehört und notiere Redensart und Bedeutung in der verlangten Zeitform! Achtung: Einige Wörter bleiben übrig.

gewinnen   traurig   GENAU   <u>bekannt geben</u>   DAS RICHTIGE   treffen

SAGEN   **schließen**   Katze   **Frieden**   <u>eine Neuigkeit</u>   lachen

1.

Zeitform: Präteritum

Redensart: Rolf **begrub das Kriegsbeil.**

Bedeutung: Er **schloss Frieden.**

2.

Zeitform: Präsens

Redensart: Edina **lässt die Katze aus dem Sack.**

Bedeutung: Sie **gibt eine Neuigkeit bekannt.**

3.

Zeitform: Perfekt

Redensart: Du **hast den Nagel auf den Kopf getroffen.**

Bedeutung: Du **hast genau das Richtige gesagt.**

Sepp Schachtler/Albert Frei: Redewendungen im Deutschunterricht • Best.-Nr. 918
© Brigg Pädagogik Verlag GmbH, Augsburg

L

5   **In der Tinte sitzen**

Richtig gelöst:

Mit den unten stehenden Wörtern lassen sich die Bedeutungen zu den abgebildeten Redensarten formulieren.
Markiere, was zusammengehört und notiere Redensart und Bedeutung in der verlangten Zeitform! Achtung: Einige Wörter bleiben übrig.

ans Schlimmste   werfen   Probleme   liegen   bereiten   denken

haben   jemandem   Schwierigkeiten   wünschen   viele   Glück

1.

Zeitform: Präteritum

Redensart: Elias und Paula _____

_____

Bedeutung: Sie _____

_____

2.

Zeitform: Präsens

Redensart: Ihr _____

_____

Bedeutung: Ihr _____

_____

3.

Zeitform: Perfekt

Redensart: Chiara _____

_____

Bedeutung: Sie _____

_____

In der Tinte sitzen **6**

Mit den unten stehenden Wörtern lassen sich die Bedeutungen zu den abgebildeten Redensarten formulieren.
Markiere, was zusammengehört, und notiere Redensart und Bedeutung in der verlangten Zeitform! Achtung: Einige Wörter bleiben übrig.

ans Schlimmste   werfen   PROBLEME   liegen   <u>bereiten</u>   **denken**

HABEN   <u>jemandem</u>   <u>Schwierigkeiten</u>   wünschen   **gleich**   Glück

1.

Zeitform: Präteritum

Redensart: Elias und Paula **saßen in der Tinte.**

Bedeutung: Sie **hatten Probleme.**

2.

Zeitform: Präsens

Redensart: Ihr **malt den Teufel an die Wand.**

Bedeutung: Ihr **denkt gleich ans Schlimmste.**

3.

Zeitform: Perfekt

Redensart: Chiara **hat jemandem Steine in den Weg gelegt.**

Bedeutung: Sie **hat jemandem Schwierigkeiten bereitet.**

Sepp Schachttler/Albert Frei: Redewendungen im Deutschunterricht • Best.-Nr. 918
© Brigg Pädagogik Verlag GmbH, Augsburg

6   **In der Tinte sitzen**

Richtig gelöst:

Ersetze die fett gedruckten Stellen im Lesetext durch eine Redensart!
Schreibe die ganzen Sätze in der veränderten Form neben die entsprechende Zeichnung!

1. _____

2. _____

3. _____

4. _____

5. _____

Sepp Schachtler/Albert Frei: Redewendungen im Deutschunterricht • Best.-Nr. 918
© Brigg Pädagogik Verlag GmbH, Augsburg

In der Tinte sitzen 7

T

Ersetze die fett gedruckten Stellen im Lesetext durch eine Redensart!
Schreibe die ganzen Sätze in der veränderten Form neben die entsprechende Zeichnung!

1.  **Mit dieser späten Einsicht hatte es den Nagel**

   auf den Kopf getroffen.

2.  **Jetzt saß das Pferd in der Tinte.**

3. 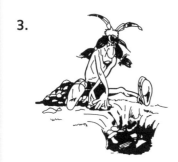 **„Ach, wollen wir nicht das Kriegsbeil begraben?",**

   wandte er sich mit kraftloser Stimme an das Pferd.

4.  **Das Pferd meinte hartherzig: „Ich glaube, du hast nicht**

   alle Tassen im Schrank."

5.  **Es fügte noch hinzu: „Du malst gleich den Teufel**

   an die Wand."

Sepp Schachtler/Albert Frei: Redewendungen im Deutschunterricht • Best.-Nr. 918
© Brigg Pädagogik Verlag GmbH, Augsburg

L

7 **In der Tinte sitzen**

Trainingseinheit
Im gleichen Boot sitzen

In dieser Trainingseinheit lernst du folgende Redensarten und ihre Bedeutung kennen:

- die Flinte ins Korn werfen
- zwei Fliegen mit einer Klappe schlagen
- im gleichen Boot sitzen
- nach den Sternen greifen
- Schiffbruch erleiden
- in eine Sackgasse geraten
- mit Kanonen auf Spatzen schießen
- vor jemandem den Hut ziehen

Sepp Schachtler/Albe¬t Frei: Redewendungen im Deutschunterricht • Best.-Nr. 918
© Brigg Pädagogik Verlag GmbH, Augsburg

Trainingseinheit
Im gleichen Boot sitzen

 **Bedienung**

Level 1: **Gezeichnete Redensarten** Den Zeichnungen müssen die passenden Redensarten zugeordnet werden.

Level 2: **Kreuzworträtsel** Die gesuchten Wörter müssen in der vorgegebenen Reihenfolge eingesetzt werden, damit das Lösungswort gefunden wird.

Level 3: **Redensart und Bedeutung** Form: Multiple Choice
Zur Zeichnung muss die Redensart notiert und aus vier Bedeutungen die richtige angekreuzt werden.

Level 4: **Kuckuckseier** Die fett gedruckten Satzteile lassen lustige Nonsens-Sätze entstehen. Sie müssen durch die passende Redensart ersetzt und notiert werden.

Level 5/6: **Zeitformen** Voraussetzung: Präsens, Präteritum und Perfekt sind bekannt. Die Redensarten müssen in den vorgegebenen Zeitformen notiert werden.

Level 7: **Die beiden Frösche** (Lesetext auf S. 16) Der Text enthält fünf fett gedruckte Stellen. Die gezeichneten Redensarten sind eine Hilfe zur Lösungsfindung. Die veränderten Sätze werden zur Zeichnung geschrieben.

Sepp Schachtler/Albert Frei: Redewendungen im Deutschunterricht • Best.-Nr. 918
© Brigg Pädagogik Verlag GmbH, Augsburg

Richtig gelöst:

♡ ♡ ♡

Welche Redensarten kennst du schon? Schreibe sie unter die Zeichnungen und finde mithilfe der Titelseite die restlichen Redensarten.

_____

_____

_____

_____

_____

_____

_____

_____

_____

_____

_____

_____

_____

_____

_____

_____

Sepp Schachtler/Albert Frei: Redewendungen im Deutschunterricht • Best.-Nr. 918
© Brigg Pädagogik Verlag GmbH, Augsburg

Im gleichen Boot sitzen

1

Welche Redensarten kennst du schon? Schreibe sie unter die Zeichnungen und finde mithilfe der Titelseite die restlichen Redensarten.

nach den Sternen greifen

die Flinte ins Korn werfen

zwei Fliegen mit einer Klappe schlagen

im gleichen Boot sitzen

Schiffbruch erleiden

vor jemandem den Hut ziehen

in eine Sackgasse geraten

mit Kanonen auf Spatzen schießen

L

1 **Im gleichen Boot sitzen**

Sepp Schachtler/Albert Frei: Redewendungen im Deutschunterricht • Best.-Nr. 918
© Brigg Pädagogik Verlag GmbH, Augsburg

Richtig gelöst:

Fülle die Lücken und platziere die Wörter der Reihe nach im Kreuzworträtsel.
Finde so das Lösungswort!

1.
2.
3.
4.
5.
6.
7.
8.

Redensart

1. _____ erleiden

2. im gleichen _____ sitzen

3. vor jemandem den _____ ziehen

4. mit Kanonen auf _____ schießen

5. die _____ ins Korn werfen

6. zwei Fliegen mit einer _____ schlagen

7. in eine _____ geraten

8. nach den _____ greifen

Lösungswort: _____

Sepp Schachtler/Albert Frei: Redewendungen im Deutschunterricht • Best.-Nr. 918
© Brigg Pädagogik Verlag GmbH, Augsburg

Im gleichen Boot sitzen 2

Fülle die Lücken und platziere die Wörter der Reihe nach im Kreuzworträtsel.
Finde so das Lösungswort!

1.	S	C	H	I	F	F	B	**R**	U	C	H
2.							B	**O**	O	T	
3.							H	**U**	T		
4.					S	P	A	**T**	Z	E	N
5.						F	L	**I**	N	T	E
6.						K	L	**A**	P	P	E
7.				S	A	C	K	**G**	A	S	S	E
8.						S	T	**E**	R	N	E	N

Redensart

1. **Schiffbruch** erleiden

2. im gleichen **Boot** sitzen

3. vor jemandem den **Hut** ziehen

4. mit Kanonen auf **Spatzen** schießen

5. die **Flinte** ins Korn werfen

6. zwei Fliegen mit einer **Klappe** schlagen

7. in eine **Sackgasse** geraten

8. nach den **Sternen** greifen

Lösungswort: **Rotznase**

Sepp Schachtler/Albert Frei: Redewendungen im Deutschunterricht • Best.-Nr. 918
© Brigg Pädagogik Verlag GmbH, Augsburg

Notiere die Redensart und kreuze die dazugehörende Bedeutung an!

1. _____

bedeutet:
- ☐ Karin ist sehr ungeduldig.
- ☐ Sie verliert viel zu schnell den Mut.
- ☐ Sie hasst Gewehre.
- ☐ Sie wird wegen jeder Kleinigkeit wütend.

2. _____

bedeutet:
- ☐ Peter ist im Fliegenfangen geschickt.
- ☐ Er ist temperamentvoll.
- ☐ Sein Egoismus macht ihn unbeliebt.
- ☐ Er hilft einem Mitschüler und erledigt dabei gleich seine Hausaufgaben.

3. _____

bedeutet:
- ☐ Wir machen einen Ausflug.
- ☐ Wir verstehen uns gut.
- ☐ Wir sind in der gleichen Situation.
- ☐ Wir sind abenteuerlustig.

4. _____

bedeutet:
- ☐ Herr Stutz betrachtet die Sterne.
- ☐ Er will etwas fast Unmögliches erreichen.
- ☐ Er ist vom Sternenhimmel fasziniert.
- ☐ Er ist tüchtig.

5. _____

bedeutet:
- ☐ Herr Muff ist immer freundlich.
- ☐ Er bewundert jemanden, der eine schwierige Aufgabe gelöst hat.
- ☐ Er ist gegenüber Damen sehr höflich.
- ☐ Er sucht Kontakt zu den Mitmenschen.

Sepp Schachtler/Albert Frei: Redewendungen im Deutschunterricht • Best.-Nr. 918
© Brigg Pädagogik Verlag GmbH, Augsburg

Im gleichen Boot sitzen ③

Lösung: Redensart und Bedeutung

Notiere die Redensart und kreuze die dazugehörende Bedeutung an!

1. die Flinte ins Korn werfen

bedeutet:

- ☐ Karin ist sehr ungeduldig.
- ☒ Sie verliert viel zu schnell den Mut.
- ☐ Sie hasst Gewehre.
- ☐ Sie wird wegen jeder Kleinigkeit wütend.

2. zwei Fliegen mit einer Klappe schlagen

bedeutet:

- ☐ Peter ist im Fliegenfangen geschickt.
- ☐ Er ist temperamentvoll.
- ☐ Sein Egoismus macht ihn unbeliebt.
- ☒ Er hilft einem Mitschüler und erledigt dabei gleich seine Hausaufgaben.

3. im gleichen Boot sitzen

bedeutet:

- ☐ Wir machen einen Ausflug.
- ☐ Wir verstehen uns gut.
- ☒ Wir sind in der gleichen Situation.
- ☐ Wir sind abenteuerlustig.

4. nach den Sternen greifen

bedeutet:

- ☐ Herr Stutz betrachtet die Sterne.
- ☒ Er will etwas fast Unmögliches erreichen.
- ☐ Er ist vom Sternenhimmel fasziniert.
- ☐ Er ist tüchtig.

5. vor jemandem den Hut ziehen

bedeutet:

- ☐ Herr Muff ist immer freundlich.
- ☒ Er bewundert jemanden, der eine schwierige Aufgabe gelöst hat.
- ☐ Er ist gegenüber Damen sehr höflich.
- ☐ Er sucht Kontakt zu den Mitmenschen.

Sepp Schachtler/Albert Frei: Redewendungen im Deutschunterricht • Best.-Nr. 918
© Brigg Pädagogik Verlag GmbH, Augsburg

Richtig gelöst: ♡ ♡ ♡

Ersetze die fett gedruckten Textstellen durch eine Redensart!
Schreibe diese auf die leere Zeile!

1. Einer Musikerin passieren bei ihrem ersten Konzert einige Pannen. Sie ist zwar etwas enttäuscht, doch wirft sie die **Trompete** nicht gleich ins **Publikum.**

   _____

2. Nach einem Gewitter verbietet der Hausmeister den Kindern, auf dem Rasen zu spielen. Eine Mutter meint: „Der Mann schießt mit **Fußbällen** auf **Regenwürmer!"**

   _____

3. Zwei Betrunkene beschimpfen sich auf offener Straße. Ein heftiger Streit entsteht, und es kommt zu Handgreiflichkeiten. Neugierige stehen herum, doch niemand versucht, die Streithähne zu trennen. Da kommt eine alte Dame des Weges, bahnt sich einen Weg zu den Raufbolden und liest ihnen ganz gehörig die Leviten. Dabei fuchtelt sie mit ihrem Regenschirm. Und tatsächlich, die beiden gehen auseinander. Einer aus der Menge sagt spontan zur Dame: „Ich **kaufe** den **Regenschirm."**

   _____

4. Für Eva lief vorerst alles wie am Schnürchen. Kürzlich hatte sie ihre Abschlussprüfung bestanden und durfte in der gleichen Firma als Sekretärin arbeiten. Doch kurz danach war schon alles anders. Mitarbeiter wurden entlassen und auch Eva musste um ihre Anstellung bangen. Der vermeintliche Höhenflug war plötzlich in eine **Windhose geknallt.**

   _____

5. „Du musst nicht gleich nach den **Planeten treten!",** mahnte der Vater seinen Sohn, als ihm dieser von seinen Zukunftsplänen erzählte. Er hatte es sich nämlich zum Ziel gesetzt, Profifußballer oder Pilot zu werden.

   _____

6. Die Stuttgarter Kickers haben im Spiel gegen den FC Bayern **Wadenkrämpfe bekommen.** Sie verloren das Spiel mit 5:1 Toren.

   _____

Sepp Schachtler/Albert Frei: Redewendungen im Deutschunterricht • Best.-Nr. 918
© Brigg Pädagogik Verlag GmbH, Augsburg

Im gleichen Boot sitzen 4

Ersetze die fett gedruckten Textstellen durch eine Redensart!
Schreibe diese auf die leere Zeile!

1. Einer Musikerin passieren bei ihrem ersten Konzert einige Pannen. Sie ist zwar etwas enttäuscht, doch wirft sie die **Trompete** nicht gleich ins **Publikum.**

die Flinte ins Korn werfen

2. Nach einem Gewitter verbietet der Hausmeister den Kindern, auf dem Rasen zu spielen. Eine Mutter meint: „Der Mann schießt mit **Fußbällen** auf **Regenwürmer!"**

mit Kanonen auf Spatzen schießen

3. Zwei Betrunkene beschimpfen sich auf offener Straße. Ein heftiger Streit entsteht, und es kommt zu Handgreiflichkeiten. Neugierige stehen herum, doch niemand versucht die Streithähne zu trennen. Da kommt eine alte Dame des Weges, bahnt sich einen Weg zu den Raufbolden und liest ihnen ganz gehörig die Leviten. Dabei fuchtelt sie mit ihrem Regenschirm. Und tatsächlich, die beiden gehen auseinander. Einer aus der Menge sagt spontan zur Dame: „Ich **kaufe** den **Regenschirm."**

den Hut vor jemandem ziehen

4. Für Eva lief vorerst alles wie am Schnürchen. Kürzlich hatte sie ihre Abschlussprüfung bestanden und durfte in der gleichen Firma als Sekretärin arbeiten. Doch kurz danach war schon alles anders. Mitarbeiter wurden entlassen und auch Eva musste um ihre Anstellung bangen. Der vermeintliche Höhenflug war plötzlich in eine **Windhose geknallt.**

in eine Sackgasse geraten

5. „Du musst nicht gleich nach den **Planeten treten!",** mahnte der Vater seinen Sohn, als ihm dieser von seinen Zukunftsplänen erzählte. Er hatte es sich nämlich zum Ziel gesetzt, Profifussballer oder Pilot zu werden.

nach den Sternen greifen

6. Die Stuttgarter Kickers haben im Spiel gegen den FC Bayern **Wadenkrämpfe bekommen.** Sie verloren das Spiel mit 5:1 Toren.

Schiffbruch erleiden

L

4 **Im gleichen Boot sitzen**

Sepp Schachtler/Albert Frei: Redewendungen im Deutschunterricht • Best.-Nr. 918
© Brigg Pädagogik Verlag GmbH, Augsburg

Richtig gelöst:

♡ ♡ ♡

Formuliere zur gezeichneten Redensart einen Satz in der verlangten Zeitform!

1.

Präsens	Manuel_____
	_____
Präteritum	Er_____
	_____
Perfekt	Er_____
	_____

2.

Präsens	Ivo_____
	_____
Präteritum	Er_____
	_____
Perfekt	Er_____
	_____

3.

Präsens	Du_____
	_____
Präteritum	Du_____
	_____
Perfekt	Du_____
	_____

Sepp Schachtler/Albert Frei: Redewendungen im Deutschunterricht • Best.-Nr. 918
© Brigg Pädagogik Verlag GmbH, Augsburg

Formuliere zur gezeichneten Redensart einen Satz in der verlangten Zeitform!

1.

Präsens   Manuel **schlägt zwei Fliegen mit einer Klappe.**

Präteritum   Er **schlug zwei Fliegen mit einer Klappe.**

Perfekt   Er **hat zwei Fliegen mit einer Klappe geschlagen.**

2.

Präsens   Ivo **schießt mit Kanonen auf Spatzen.**

Präteritum   Er **schoss mit Kanonen auf Spatzen.**

Perfekt   Er **hat mit Kanonen auf Spatzen geschossen.**

3.

Präsens   Du **greifst nach den Sternen.**

Präteritum   Du **griffst nach den Sternen.**

Perfekt   Du **hast nach den Sternen gegriffen.**

Sepp Schachtler/Albert Frei: Redewendungen im Deutschunterricht • Best.-Nr. 918
© Brigg Pädagogik Verlag GmbH, Augsburg

L

Sepp Schachtler/Albert Frei: Redewendungen im Deutschunterricht • Best.-Nr. 918
© Brigg Pädagogik Verlag GmbH, Augsburg

Richtig gelöst:

♡ ♡ ♡

Formuliere zur gezeichneten Redensart einen Satz in der verlangten Zeitform!

1.

Präsens   Nadja _____

_____

Präteritum   Sie _____

_____

Perfekt   Sie _____

_____

2.

Präsens   Tim und ich _____

_____

Präteritum   Wir _____

_____

Perfekt   Wir _____

_____

3.

Präsens   Ich _____

_____

Präteritum   Ich _____

_____

Perfekt   Ich _____

_____

Im gleichen Boot sitzen   6

Formuliere zur gezeichneten Redensart einen Satz in der verlangten Zeitform!

1.

Präsens	Nadja **wirft die Flinte ins Korn.**
Präteritum	Sie **warf die Flinte ins Korn.**
Perfekt	Sie **hat die Flinte ins Korn geworfen.**

2.

Präsens	Tim und ich **sitzen im gleichen Boot.**
Präteritum	Wir **saßen im gleichen Boot.**
Perfekt	Wir **sind im gleichen Boot gesessen.**

3.

Präsens	Ich **gerate in eine Sackgasse.**
Präteritum	Ich **geriet in eine Sackgasse.**
Perfekt	Ich **bin in eine Sackgasse geraten.**

Sepp Schachtler/Albert Frei: Redewendungen im Deutschunterricht • Best.-Nr. 918
© Brigg Pädagogik Verlag GmbH, Augsburg

L

6 **Im gleichen Boot sitzen**

Richtig gelöst:

♡ ♡ ♡

Ersetze die fett gedruckten Stellen im Lesetext durch eine Redensart!
Schreibe die Sätze in der veränderten Form neben die entsprechende Zeichnung!

1.

2.

3.

4.

5.

Sepp Schachtler/Albert Frei: Redewendungen im Deutschunterricht • Best.-Nr. 918
© Brigg Pädagogik Verlag GmbH, Augsburg

Im gleichen Boot sitzen

T

7

Ersetze die fett gedruckten Stellen im Lesetext durch eine Redensart!
Schreibe die Sätze in der veränderten Form neben die entsprechende Zeichnung!

1.

Bevor er versank, quakte er leise: „Ich bin in eine Sackgasse geraten, da gibt es keine Hoffnung mehr."

2.

Vor dieser Leistung muss man den Hut ziehen.

3.

Besorgt meinte der eine zum andern: „Wir sitzen beide im gleichen Boot. Was sollen wir nur tun?"

4.

Sie sahen einander verzweifelt an und waren sich einig: „Wir haben Schiffbruch erlitten."

5.

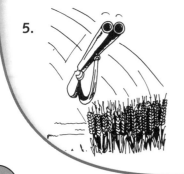

Doch der andere Frosch warf die Flinte nicht ins Korn.

Sepp Schachtler/Albert Frei: Redewendungen im Deutschunterricht • Best.-Nr. 918
© Brigg Pädagogik Verlag GmbH, Augsburg

Sepp Schachtler/Albert Frei: Redewendungen im Deutschunterricht • Best.-Nr. 918
© Brigg Pädagogik Verlag GmbH, Augsburg

Richtig gelöst:

Trainingseinheit
Auf großem Fuß leben

In dieser Trainingseinheit lernst du folgende Redensarten und ihre Bedeutung kennen:

- das Kriegsbeil begraben
- sich etwas hinter die Ohren schreiben
- von der Hand in den Mund leben
- die Daumen drücken
- sich wie ein Fisch im Wasser fühlen
- den Teufel an die Wand malen
- jemandem sitzt die Angst im Nacken
- die Katze aus dem Sack lassen
- auf großem Fuß leben
- jemanden im Regen stehen lassen
- sich ins eigene Fleisch schneiden
- kein Blatt vor den Mund nehmen
- die Flinte ins Korn werfen
- sich den Bauch vollschlagen
- etwas auf die leichte Schulter nehmen
- auf der faulen Haut liegen
- etwas schweren Herzens tun

Trainingseinheit
Auf großem Fuß leben

 **Bedienung**

Level 1: **Gezeichnete Redensarten 1** Zu den Zeichnungen müssen passende Nomen und Verben mit den vorgegebenen Anfangsbuchstaben gefunden werden.

Level 2: **Der Schein trügt** (Lesetext auf S. 17) Originaltext: Die Stadtmaus und die Landmaus Die vorgegebenen Textstellen müssen in der Fabel gesucht und markiert werden. Zusätzlich muss zur Bedeutung die Redensart notiert werden.

Level 3/4: **Redensart und Bedeutung** Ganze Sätze aus dem Text sind aufgelistet. Je nach Vorgabe muss eine Redensart oder die Bedeutung ergänzt werden.

Level 5: **Gezeichnete Redensarten 2** Hier sind bildhaft neun Redensarten dargestellt, die im Text „Spare in der Zeit, so hast du in der Not" ihren Platz finden. Der Auftrag ist identisch mit jenem in „Gezeichnete Redensarten 1".

Level 6: **Spare in der Zeit ...** (Lesetext auf S. 19) Originaltext: Die Grille und die Ameisen Der Text enthält neun fett gedruckte, nummerierte Satzteile. Aus je drei Redensarten muss die zum Text passende angekreuzt und der durch die Redensart veränderte Satz notiert werden.

Sepp Schachtler/Albert Frei: Redewendungen im Deutschunterricht • Best.-Nr. 918
© Brigg Pädagogik Verlag GmbH, Augsburg

Richtig gelöst:

Finde Wörter zu den gegebenen Anfangsbuchstaben, die zum jeweiligen Bild passen.

F _____

W _____

K _____

b _____

D _____

d _____

H _____

M _____

F _____

I _____

A _____

N _____

K _____

S _____

O _____

s _____

Sepp Schachtler/Albert Frei: Redewendungen im Deutschunterricht • Best.-Nr. 918
© Brigg Pädagogik Verlag GmbH, Augsburg

Auf großem Fuß leben   1

Finde Wörter zu den gegebenen Anfangsbuchstaben, die zum jeweiligen Bild passen.

Kriegsbeil

b**egraben**

Fisch

W**asser**

Daumen

dr**ücken**

Hand

M**und**

Fuß

leben

Angst

Nacken

Katze

Sack

Ohren

s**chreiben**

L

1 **Auf großem Fuß leben**

Sepp Schachtler/Albert Frei: Redewendungen im Deutschunterricht • Best.-Nr. 918
© Brigg Pädagogik Verlag GmbH, Augsburg

♡ ♡ ♡

Suche in der Fabel die Textstellen, die zu den unten stehenden Sätzen passen und unterstreiche sie! Notiere neben die Bedeutung den durch die Redensart veränderten Satz!

Bedeutung   **Redensart**

1. Die Feldmaus lebte in großer Armut.

_____

_____

2. „Merke dir gut, was für mich bekömmlich ist!"

_____

_____

_____

3. „Für die Zukunft wünsche ich dir viel Glück!"

_____

_____

4. Die Hausmaus lebte luxuriös.

_____

_____

5. Die Mäuse schlossen Frieden.

_____

_____

6. „Ich fühle mich hier draußen sehr wohl", entgegnete die Feldmaus.

_____

_____

_____

7. „Ich werde es dir bald verraten!", erwiderte die Hausmaus.

_____

_____

_____

8. Die Feldmaus meinte: „Du musst jeden Tag in großer Angst leben."

_____

_____

Sepp Schachtler/Albert Frei: Redewendungen im Deutschunterricht • Best.-Nr. 918
© Brigg Pädagogik Verlag GmbH, Augsburg

T

Suche in der Fabel die Textstellen, die zu den unten stehenden Sätzen passen und unterstreiche sie! Notiere neben die Bedeutung den durch die Redensart veränderten Satz!

Bedeutung	Redensart
1. Die Feldmaus lebte in großer Armut.	**Die Feldmaus lebte von der Hand in den Mund.**
2. „Merke dir gut, was für mich bekömmlich ist!"	**„Schreibe dir hinter die Ohren, was für mich bekömmlich ist!"**
3. „Für die Zukunft wünsche ich dir viel Glück!"	**„Für die Zukunft drücke ich dir die Daumen!"**
4. Die Hausmaus lebte luxuriös.	**Die Hausmaus lebte auf großem Fuß.**
5. Die Mäuse schlossen Frieden.	**Die Mäuse begruben das Kriegsbeil.**
6. „Ich fühle mich hier draußen sehr wohl", entgegnete die Feldmaus.	**„Ich fühle mich hier draußen wie ein Fisch im Wasser", entgegnete die Feldmaus.**
7. „Ich werde es dir bald verraten!", erwiderte die Hausmaus.	**„Ich werde die Katze bald aus dem Sack lassen", erwiderte die Hausmaus.**
8. Die Feldmaus meinte: „Du mußt jeden Tag in großer Angst leben."	**„Dir sitzt jeden Tag die Angst im Nacken."**

Sepp Schachtler/Albert Frei: Redewendungen im Deutschunterricht • Best.-Nr. 918
© Brigg Pädagogik Verlag GmbH, Augsburg

L

Richtig gelöst:

♡ ♡ ♡

Schreibe in ganzen Sätzen!

Redensart   **Bedeutung**

1. Die Feldmaus meinte: „Ich fühle mich hier
wie ein Fisch im Wasser."

_____

_____

_____

2. _____   Die Feldmaus lebte in großer Armut.

_____

_____

3. „Hab noch etwas Geduld, ich werde bald
die Katze aus dem Sack lassen!", erwiderte
die Stadtmaus mit einem geheimnisvollen
Lächeln.

_____

_____

_____

_____

_____

_____

4. _____   „Falls du mich wieder einmal einlädst, merke dir gut, was für mich bekömmlich ist!",
sagte die Stadtmaus.

_____

_____

_____

_____

_____

Sepp Schachtler/Albert Frei: Redewendungen im Deutschunterricht • Best.-Nr. 918
© Brigg Pädagogik Verlag GmbH, Augsburg

Lösung: Redensart und Bedeutung 1

Schreibe in ganzen Sätzen!

Redensart

Bedeutung

1. Die Feldmaus meinte: „Ich fühle mich hier wie ein Fisch im Wasser."

Die Feldmaus meinte: „Ich fühle mich hier wohl."

2. **Die Feldmaus lebte von der Hand in den Mund.**

Die Feldmaus lebte in großer Armut.

3. „Hab noch etwas Geduld, ich werde bald die Katze aus dem Sack lassen!", erwiderte die Stadtmaus mit einem geheimnisvollen Lächeln.

„Hab noch etwas Geduld, ich werde es dir bald verraten!", erwiderte die Stadtmaus mit einem geheimnisvollen Lächeln.

4. **„Falls du mich wieder einmal einlädst, schreibe dir hinter die Ohren, was für mich bekömmlich ist!", sagte die Stadtmaus.**

„Falls du mich wieder einmal einlädst, merke dir gut, was für mich bekömmlich ist!", sagte die Stadtmaus.

Sepp Schachtler/Albert Frei: Redewendungen im Deutschunterricht • Best.-Nr. 918
© Brigg Pädagogik Verlag GmbH, Augsburg

L

3 **Auf großem Fuß leben**

Richtig gelöst:

Schreibe in ganzen Sätzen!

Redensart

Bedeutung

1. „Für die Zukunft drücke ich dir die Daumen!", rief die Feldmaus der Stadtmaus zu.

_____

_____

_____

_____

_____

2. _____

Nachdem sich die Mäuse ausgesprochen hatten, schlossen sie Frieden.

_____

_____

_____

3. Die Feldmaus fügte noch hinzu: „Du kannst dir die leckersten Sachen holen, doch sitzt dir jeden Tag die Angst im Nacken."

_____

_____

_____

_____

_____

_____

Sepp Schachtler/Albert Frei: Redewendungen im Deutschunterricht • Best.-Nr. 918
© Brigg Pädagogik Verlag GmbH, Augsburg

Auf großem Fuß leben 4

Schreibe in ganzen Sätzen!

Redensart	Bedeutung

1. „Für die Zukunft drücke ich dir die Daumen!", rief die Feldmaus der Stadtmaus zu.

„Für die Zukunft wünsche ich dir viel Glück!", rief die Feldmaus der Stadtmaus zu.

2. **Nachdem sich die Mäuse ausgesprochen hatten, begruben sie das Kriegsbeil.**

Nachdem sich die Mäuse ausgesprochen hatten, schlossen sie Frieden.

3. Die Feldmaus fügte noch hinzu: „Du kannst dir die leckersten Sachen holen, doch sitzt dir jeden Tag die Angst im Nacken."

Die Feldmaus fügte noch bei:

„Du kannst dir die leckersten Sachen holen, musst aber jeden Tag in großer Angst leben."

Sepp Schachtler/Albert Frei: Redewendungen im Deutschunterricht • Best.-Nr. 918
© Brigg Pädagogik Verlag GmbH, Augsburg

4 **Auf großem Fuß leben**

Richtig gelöst:

♡ ♡ ♡

Finde Wörter zu den gegebenen Anfangsbuchstaben, die zum jeweiligen Bild passen.

H _____

I _____

T _____ W _____

m _____

F _____

s _____

R _____

s _____

S _____

n _____

B _____

v _____

B _____ M _____

n _____

H _____

F _____ K _____

w _____

Sepp Schachtner/Alber: Frei: Redewendungen im Deutschunterricht • Best.-Nr. 918
© Brigg Pädagogik Verlag GmbH, Augsburg

Auf großem Fuß leben 5

Finde Wörter zu den gegebenen Anfangsbuchstaben, die zum jeweiligen Bild passen.

Haut

liegen

Teufel   Wand

Fleisch

mAlen

schneiden

Regen

stehen

Schulter

Bauch

nehmen

vollschlagen

Blatt   Mund

Flinte   Korn

nehmen

Herz

werfen

Sepp Schachtler/Albert Frei: Redewendungen im Deutschunterricht • Best.-Nr. 918
© Brigg Pädagogik Verlag GmbH, Augsburg

5   **Auf großem Fuß leben**

Kreuze die Redensart an, die zur fett gedruckten Stelle im Lesetext passt!
Schreibe den Satz neu, diesmal mit der eingebauten Redensart!

1. ☐ auf der faulen Haut liegen

☐ auf dem Rücken liegen

☐ auf der Seite liegen

2. ☐ sich in den Finger schneiden

☐ sich ins eigene Fleisch schneiden

☐ sich in den Arm schneiden

3. ☐ auf den Rücken nehmen

☐ auf den Arm nehmen

☐ auf die leichte Schulter nehmen

4. ☐ Hörner an die Wand malen

☐ einen Geist an die Wand malen

☐ den Teufel an die Wand malen

5. ☐ Scherben ins Korn werfen

☐ einen Dolch ins Korn werfen

☐ die Flinte ins Korn werfen

♡ ♡ ♡

6. ☐ schweren Herzens

   ☐ auf eigene Gefahr

   ☐ um ein Haar

   _____

   _____

   _____

   _____

7. ☐ den Mund verziehen

   ☐ die Hand vor den Mund halten

   ☐ kein Blatt vor den Mund nehmen

   _____

   _____

   _____

8. ☐ im Regen stehen lassen

   ☐ im Wind stehen lassen

   ☐ in der Kälte stehen lassen

   _____

   _____

   _____

   _____

9. ☐ sich die Backen vollstopfen

   ☐ sich den Mund vollstopfen

   ☐ sich den Bauch vollschlagen

   _____

   _____

   _____

   _____

   _____

   _____

T

7 **Auf großem Fuß leben**

Sepp Schachtler/Albert Frei: Redewendungen im Deutschunterricht • Best.-Nr. 918
© Brigg Pädagogik Verlag GmbH, Augsburg

Kreuze die Redensart an, die zur fett gedruckten Stelle im Text passt!
Schreibe den Satz neu, diesmal mit der eingebauten Redensart!

1. ☒ auf der faulen Haut liegen
   ☐ auf dem Rücken liegen
   ☐ auf der Seite liegen

   Ameisen können eben nicht auf der faulen Haut liegen.

2. ☐ sich in den Finger schneiden
   ☒ sich ins eigene Fleisch schneiden
   ☐ sich in den Arm schneiden

   „Durch dein Nichtstun wirst du dir ins eigene Fleisch schneiden", redete ihr die Ameise ins Gewissen.

3. ☐ auf den Rücken nehmen
   ☐ auf den Arm nehmen
   ☒ auf die leichte Schulter nehmen

   Doch die Grille nahm die mahnenden Worte der Ameise auf die leichte Schulter.

4. ☐ Hörner an die Wand malen
   ☐ einen Geist an die Wand malen
   ☒ den Teufel an die Wand malen

   Sie meinte: „Du malst immer gleich den Teufel an die Wand."

5. ☐ Scherben ins Korn werfen
   ☐ einen Dolch ins Korn werfen
   ☒ die Flinte ins Korn werfen

   Die Grille fand kaum mehr etwas zu fressen und hätte die Flinte ins Korn geworfen, wäre ihr nicht die Ameise in den Sinn gekommen.

Sepp Schachtler/Alber: Frei: Redewendungen im Deutschunterricht • Best.-Nr. 918
© Brigg Pädagogik Verlag GmbH, Augsburg

6. ☒ schweren Herzens
   ☐ auf eigene Gefahr
   ☐ um ein Haar

Dem Hungertod nahe, schleppte sie sich schweren Herzens zum Ameisenbau.

7. ☐ den Mund verziehen
   ☐ die Hand vor den Mund halten
   ☒ kein Blatt vor den Mund nehmen

Die Ameise nahm vor der Grille kein Blatt vor den Mund.

8. ☒ im Regen stehen lassen
   ☐ im Wind stehen lassen
   ☐ in der Kälte stehen lassen

Dann wandte sie sich von der Grille ab und ließ diese im Regen stehen.

9. ☐ sich die Backen vollstopfen
   ☐ sich den Mund vollstopfen
   ☒ sich den Bauch vollschlagen

Sie konnte sich jeden Tag den Bauch vollschlagen, und dies den ganzen Winter lang.

Sepp Schachtler/Albert Frei: Redewendungen im Deutschunterricht • Best.-Nr. 918
© Brigg Pädagogik Verlag GmbH, Augsburg

L

7 **Auf großem Fuß leben**

Sepp Schachtler/Alber: Frei: Redewendungen im Deutschunterricht • Best.-Nr. 918
© Brigg Pädagogik Verlag GmbH, Augsburg

Trainingseinheit

Auf einem Pulverfass sitzen

In dieser Trainingseinheit lernst du folgende Redensarten und ihre Bedeutung kennen:

- die Katze im Sack kaufen
- ein Angsthase sein
- auf Sand gebaut sein
- mit dem Kopf durch die Wand wollen
- die Suppe auslöffeln
- den Löwenanteil bekommen
- in den sauren Apfel beißen
- das Handtuch werfen
- auf einem Pulverfass sitzen
- einen Bock schießen
- wie ein Blitz aus heiterem Himmel
- auf dem Geld sitzen

Trainingseinheit
Auf einem Pulverfass sitzen

 **Bedienung**

Level 1/2: **Gezeichnete Redensarten**   Den Zeichnungen müssen die passenden Redensarten zugeordnet werden.

Level 3: **Kreuzworträtsel**   Die gesuchten Wörter müssen in der vorgegebenen Reihenfolge eingesetzt werden, damit das Lösungswort gefunden wird.

Level 4: **Redensart und Bedeutung**   Die Lücken zur Bedeutung einer Redensart müssen entweder mit einem Nomen, Verb oder Adjektiv ergänzt werden. Die Zeichnungen helfen, die treffende Redensart zu finden.

Level 5: **Korrekt schreiben**   Die Wörterschlangen müssen durch Trennstriche oder farbiges Markieren separiert werden. Die Redensarten in Spiegelschrift müssen korrekt geschrieben und mit den Bedeutungen ergänzt werden.

Level 6: **Kuckuckseier**   Die fett gedruckten Satzteile lassen lustige Nonsens-Sätze entstehen. Sie müssen durch die passende Redensart ersetzt und als Wortkette notiert werden.

Level 7: **Der Hase und die Frösche** (Lesetext auf S. 20)   Der Text enthält sieben fett gedruckte Stellen. Die Aussagen des Hasen müssen in Sprechblasen geschrieben werden.

Sepp Schachtler/Albert Frei: Redewendungen im Deutschunterricht • Best.-Nr. 918
© Brigg Pädagogik Verlag GmbH, Augsburg

Welche Redensarten kennst du schon? Schreibe sie unter die Zeichnungen und finde mithilfe der Titelseite die restlichen Redensarten.

_____

_____

_____

_____

_____

_____

Sepp Schachtler/Albert Frei: Redewendungen im Deutschunterricht • Best.-Nr. 918
© Brigg Pädagogik Verlag GmbH, Augsburg

Auf einem Pulverfass sitzen 1

Welche Redensarten kennst du schon? Schreibe sie unter die Zeichnungen und finde mithilfe der Titelseite die restlichen Redensarten.

**mit dem Kopf
durch die Wand wollen**

ein Angsthase sein

die Suppe auslöffeln

einen Bock schießen

auf Sand gebaut sein

die Katze im Sack kaufen

Auf einem Pulverfass sitzen

Sepp Schachtler/Albert Frei: Redewendungen im Deutschunterricht • Best.-Nr. 918
© Brigg Pädagogik Verlag GmbH, Augsburg

Welche Redensarten kennst du schon? Schreibe sie unter die Zeichnungen und finde mithilfe der Titelseite die restlichen Redensarten.

_____

_____

_____

_____

_____

_____

_____

_____

Sepp Schachtler/Albert Frei: Redewendungen im Deutschunterricht • Best.-Nr. 918
© Brigg Pädagogik Verlag GmbH, Augsburg

Auf einem Pulverfass sitzen

2

Welche Redensarten kennst du schon? Schreibe sie unter die Zeichnungen und finde mithilfe der Titelseite die restlichen Redensarten.

das Handtuch werfen

wie ein Blitz aus heiterem Himmel

in den sauren Apfel beißen

den Löwenanteil bekommen

auf dem Geld sitzen

auf einem Pulverfass sitzen

L

2 **Auf einem Pulverfass sitzen**

Sepp Schachtler/Albert Frei: Redewendungen im Deutschunterricht • Best.-Nr. 918
© Brigg Pädagogik Verlag GmbH, Augsburg

Richtig gelöst:

♡ ♡ ♡

Fülle die Lücken (ß = SS) und platziere die Wörter der Reihe nach im Kreuzworträtsel. Finde so das Lösungswort!

Redensart

1. die Katze im _____ kaufen

2. das _____ werfen

3. ein _____ sein

4. auf einem _____fass sitzen

5. auf _____ gebaut sein

6. mit dem _____ durch die Wand wollen

7. wie ein Blitz aus heiterem _____

8. die _____ auslöffeln

9. einen Bock _____

10. den Löwen _____ bekommen

11. auf dem Geld _____

12. in den sauren _____ beißen

Lösungswort: _____

Sepp Schachtler/Albert Frei: Redewendungen im Deutschunterricht • Best.-Nr. 918
© Brigg Pädagogik Verlag GmbH, Augsburg

Auf einem Pulverfass sitzen

3

Lösung: Kreuzworträtsel

Fülle die Lücken (ß = SS) und platziere die Wörter der Reihe nach im Kreuzworträtsel. Finde so das Lösungswort!

1.					S	A	C	K	
2.	H	A	N	D	T	U	C	H	
3.	A	N	G	S	T	H	A	S	E
4.			P	U	L	V	E	R	
5.			S	A	N	D			
6.	K	O	P	F					
7.	H	I	M	M	E	L			
8.	S	U	P	P	E				
9.	S	C	H	I	E	S	S	E	N
10.	A	N	T	E	I	L			
11.	S	I	T	Z	E	N			
12.	A	P	F	E	L				

Redensart

1. die Katze im **Sack** kaufen

2. das **Handtuch** werfen

3. ein **Angsthase** sein

4. auf einem **Pulver**fass sitzen

5. auf **Sand** gebaut sein

6. mit dem **Kopf** durch die Wand wollen

7. wie ein Blitz aus heiterem **Himmel**

8. die **Suppe** auslöffeln

9. einen Bock **schießen**

10. den Löwen**anteil** bekommen

11. auf dem Geld **sitzen**

12. in den sauren **Apfel** beißen

Lösungswort: Schlafmütze

L

3 **Auf einem Pulverfass sitzen**

Sepp Schachtler/Albert Frei: Redewendungen im Deutschunterricht • Best.-Nr. 918
© Brigg Pädagogik Verlag GmbH, Augsburg

Richtig gelöst:

Schreibe die unten stehenden Nomen, Verben und Adjektive in die richtigen Lücken!
Notiere daneben die Redensart!

kaufen   machen   aufgeben   erzwingen   sein   groben   haben

sein   geizig   Problem   Gefahr   lösen   wollen

Redensart

Bedeutung

1. _____   einen _____ Fehler _____

    _____   _____

2. _____   etwas _____, ohne es gesehen

    _____   zu _____

3. _____   _____

    _____   _____

4. _____   etwas _____

    _____   _____

5. _____   _____

    _____   _____

6. _____   in größter _____

    _____   _____

7. _____   ein selbst verursachtes _____

    _____   _____

Sepp Schachtler/Albert Frei: Redewendungen im Deutschunterricht • Best.-Nr. 918
© Brigg Pädagogik Verlag GmbH, Augsburg

Auf einem Pulverfass sitzen   4

Schreibe die unten stehenden Nomen, Verben und Adjektive in die richtigen Lücken!
Notiere daneben die Redensart!

kaufen   machen   aufgeben   erzwingen   sein   groben   haben

sein   geizig   Problem   Gefahr   lösen   wollen

Redensart	Bedeutung
1. **einen Bock schießen**	einen **groben** Fehler **machen**
2. **die Katze im Sack kaufen**	etwas **kaufen**, ohne es gesehen zu **haben**
3. **das Handtuch werfen**	**aufgeben**
4. **mit dem Kopf durch die Wand wollen**	etwas **erzwingen wollen**
5. **auf dem Geld sitzen**	**geizig sein**
6. **auf einem Pulverfass sitzen**	in größter **Gefahr sein**
7. **die Suppe auslöffeln**	ein selbst verursachtes **Problem lösen**

Sepp Schachtler/Albert Frei: Redewendungen im Deutschunterricht • Best.-Nr. 918
© Brigg Pädagogik Verlag GmbH, Augsburg

L

4   **Auf einem Pulverfass sitzen**

Richtig gelöst:

♡ ♡ ♡

Entschlüssle die Redensarten und schreibe sie gut leserlich daneben. Schreibe auch ihre Bedeutungen dazu – diese findest du als Hilfe in der Buchstabenschlange. Einige Ausdrücke bleiben übrig.

einengrobenfehlermacheneinselbstverursachtesproblemlösen
etwaserzwingenwollenängstlichfeigeseinetwaskaufenohnees
gesehenzuhabenaufgebenvölligunerwartetetwasunangenehmes
abernotwendigestunzumscheiternverurteiltseiningrößter
gefahrseindengrößtenanteilbekommengeizigknauserigsein

1. die Katze im Sack kaufen _____

_____

2. mit dem Kopf durch die Wand _____

_____

3. wie ein Blitz aus heiterem Himmel _____

_____

4. in den sauren Apfel beißen _____

_____

5. auf dem Geld sitzen _____

_____

6. auf einem Pulverfass sitzen _____

_____

7. einen Bock schießen _____

_____

8. den Löwenanteil bekommen _____

_____

Auf einem Pulverfass sitzen

5

Entschlüssle die Redensarten und schreibe sie gut leserlich daneben. Schreibe auch ihre Bedeutungen dazu – diese findest du als Hilfe in der Buchstabenschlange. Einige Ausdrücke bleiben übrig.

einengrobenfehlermacheneinselbstverursachtesproblemlösen
etwaserzwingenwollenängstlichfeigeseinetwaskaufenohnees
gesehenzuhabenaufgebenvölligunerwartetetwasunangenehmes
abernotwendigestunzumscheiternverurteiltseiningrößter
gefahrseindengrößtenanteilbekommengeizigknauserigsein

1. die Katze im Sack kaufen   **die Katze im Sack kaufen**

etwas kaufen, ohne es gesehen zu haben

2. mit dem Kopf durch die Wand   **mit dem Kopf durch die Wand**

etwas erzwingen wollen

3. wie ein Blitz aus heiterem Himmel   **wie ein Blitz aus heiterem Himmel**

völlig unerwartet

4. in den sauren Apfel beißen   **in den sauren Apfel beißen**

etwas Unangenehmes, aber Notwendiges tun

5. auf dem Geld sitzen   **auf dem Geld sitzen**

geizig, knauserig sein

6. auf einem Pulverfass sitzen   **auf einem Pulverfass sitzen**

in größter Gefahr sein

7. einen Bock schießen   **einen Bock schießen**

einen groben Fehler machen

8. den Löwenanteil bekommen   **den Löwenanteil bekommen**

den größten Anteil bekommen

Sepp Schachtler/Albert Frei: Redewendungen im Deutschunterricht • Best.-Nr. 918
© Brigg Pädagogik Verlag GmbH, Augsburg

5 **Auf einem Pulverfass sitzen**

Richtig gelöst:

♡ ♡ ♡

Ersetze die fett gedruckten Textstellen durch eine Redensart!
Schreibe diese auf die leere Zeile!

1. Anna möchte am Nachmittag keinen Besuch. Doch ihre Freundinnen stehen vor der Haustür. Anna öffnet nicht. Am anderen Tag kommt sie sich wie eine Fremde vor. Sie ist sich im Klaren: „Gestern habe ich wohl **einen Krug zerschlagen.**"

   _____

2. Wenn Lisa eine Idee hat, setzt sie diese auch um, selbst wenn sie mit dem **Knie durch die Scheibe** gehen muss.

   _____

3. Eveline möchte unbedingt mitspielen, doch sie muss auf der Ersatzbank Platz nehmen. Ihre Laune ist auf dem Tiefpunkt. Ihre Mitspielerinnen meinen: „Auch sie soll einmal **in den feuchten Zitronenschnitz greifen.**"

   _____

4. Tina verliert ihre Arbeitsstelle, weil sie immer wieder zu spät kommt. Sie informiert ihren Bruder. Dieser meint: „Jetzt musst du **die Milch** selbst **kochen.**"

   _____

5. Die Region der Abruzzen in Mittelitalien wird häufig von Erdbeben heimgesucht. Die Einheimischen sind sich bewusst, dass sie auf einem **Lavastrom übernachten.**

   _____

6. Bei einem Leichtathletikwettkampf verletzte sich ein Zehnkämpfer derart, dass er das **Kopftuch abnehmen** musste.

   _____

7. Peter kauft über das Internet ein Auto. Schon bei der ersten Ausfahrt gibt es eine Panne. Seine Freundin witzelt: „Du hast eben die **Kiste im Nebel verpackt.**"

   _____

Sepp Schachtler/Albert Frei: Redewendungen im Deutschunterricht • Best.-Nr. 918
© Brigg Pädagogik Verlag GmbH, Augsburg

Auf einem Pulverfass sitzen 6

Ersetze die fett gedruckten Textstellen durch eine Redensart!
Schreibe diese auf die leere Zeile!

1. Anna möchte am Nachmittag keinen Besuch. Doch ihre Freundinnen stehen vor der Haustür. Anna öffnet nicht. Am anderen Tag kommt sie sich wie eine Fremde vor. Sie ist sich im Klaren: „Gestern habe ich wohl **einen Krug zerschlagen.**"

   einen Bock schiessen

2. Wenn Lisa eine Idee hat, setzt sie diese auch um, selbst wenn sie mit dem **Knie durch die Scheibe** gehen muss.

   mit dem Kopf durch die Wand wollen

3. Eveline möchte unbedingt mitspielen, doch sie muss auf der Ersatzbank Platz nehmen. Ihre Laune ist auf dem Tiefpunkt. Ihre Mitspielerinnen meinen: „Auch sie soll einmal **in den feuchten Zitronenschnitz greifen.**"

   in den sauren Apfel beissen

4. Tina verliert ihre Arbeitsstelle, weil sie immer wieder zu spät kommt. Sie informiert ihren Bruder. Dieser meint: „Jetzt musst du **die Milch** selbst **kochen.**"

   die Suppe auslöffeln

5. Die Region der Abruzzen in Mittelitalien wird häufig von Erdbeben heimgesucht. Die Einheimischen sind sich bewusst, dass sie auf einem **Lavastrom übernachten.**

   auf einem Pulverfass sitzen

6. Bei einem Leichtathletikwettkampf verletzte sich ein Zehnkämpfer derart, dass er das **Kopftuch abnehmen** musste.

   das Handtuch werfen

7. Peter kauft über das Internet ein Auto. Schon bei der ersten Ausfahrt gibt es eine Panne. Seine Freundin witzelt: „Du hast eben die **Kiste im Nebel verpackt.**"

   die Katze im Sack kaufen

Sepp Schachtler/Albert Frei: Redewendungen im Deutschunterricht • Best.-Nr. 918
© Brigg Pädagogik Verlag GmbH, Augsburg

6 **Auf einem Pulverfass sitzen**

Richtig gelöst:

♡ ♡ ♡

1. *Schreibe die Aussagen des Hasen in die Sprechblasen! Ersetze dabei die fett gedruckten Stellen im Lesetext durch die passende Redensart!*

Ich werfe _____

_____

Ich muss die Suppe

_____

Ich habe _____

_____

Meine _____

_____

Ich bin _____

_____

Das kommt _____

_____

_____

_____

Ich sitze _____

_____

_____

2. *Schreibe jetzt die sieben wörtlichen Reden mit Begleitsatz auf ein Notizblatt und setze alle Satzzeichen!*

Beispiel:

Begleitsatz   Rede

Er jammert: **„Ich bin ein Angsthase."**

Sepp Schachtler/Albert Frei: Redewendungen im Deutschunterricht • Best.-Nr. 918
© Brigg Pädagogik Verlag GmbH, Augsburg

T

Lösung: Der Hase und die Frösche

1. *Schreibe die Aussagen des Hasen in die Sprechblasen! Ersetze dabei die fett gedruckten Stellen im Lesetext durch die passende Redensart!*

Ich werfe **das Handtuch.**

Ich muss die Suppe **auslöffeln.**

Ich habe **einen Bock geschossen.**

Meine **guten Vorsätze sind auf Sand gebaut.**

Ich bin **ein Angsthase.**

Das kommt **wie ein Blitz aus heiterem Himmel!**

Ich sitze **auf einem Pulverfass.**

2. *Schreibe jetzt die sieben wörtlichen Reden mit Begleitsatz auf ein Notizblatt und setze alle Satzzeichen!*

Beispiel:

Begleitsatz	Rede
Er jammert:	„Ich bin ein Angsthase."
Er bildet sich ein:	**„Ich sitze auf einem Pulverfass."**
Er meint:	**„Ich habe einen Bock geschossen."**
Er meint:	**„Ich muss die Suppe auslöffeln."**
Er stellt fest:	**„Meine guten Vorsätze sind auf Sand gebaut."**
Er meint:	**„Ich werfe das Handtuch."**
Er keucht:	**„Das kommt für mich wie ein Blitz aus heiterem Himmel."**

Sepp Schachtler/Albert Frei: Redewendungen im Deutschunterricht • Best.-Nr. 918
© Brigg Pädagogik Verlag GmbH, Augsburg